JN440407

띠앗

김학성 시집

문학의전당 시인선
0295

띠앗

김학성 시집

문학의전당

시인의 말

태명도 짓지 못한
나의 미숙아들이여.

이름 한번 거창하게 불러줄 수 없어 미안하지만
이제 너희들을 떠나보낸다.

부디 연대하여
잘살기를……

2018년 10월
김학성

차례

제2부

제3부

제4부

제1부

갈등(葛藤)

아스파라가스를 움켜잡은 나팔꽃을 풀어
줄에 감아주었더니
반대로 다시 감았다

나팔꽃 메꽃 마 으름 더덕은 왼쪽으로 감고
등나무 한삼 까치콩 동부 메꽃 박주가리는 오른쪽으로 감는다

우리 울엔 칡이 없어서인지
갖바치 백정은 동구 밖에 움막을 팠다는 전설 없고
잃어버린 십년이네 빼앗긴 천년 일세하는 동요도 없고
왼쪽으로 감는 것들은 북쪽으로 가라는 동화도 없다

얼기설기 목말 태우며
틈틈이 고개 내밀어
유리 구두 신으러 하늘로, 하늘로 간다

서로 적대하여 충돌하지 않고

산이네

이른 아침 목욕탕

재 너머 산이네 부자를 만났다.
산이 아빠는 늘 삭발을 하고 덥수룩한 수염에 색바랜 옷을 입고
고물 봉고차 끌고 다니는 몇 년 전에 귀농한 젊은 농부다.

나와 눈 마주치자
조용히 다가와 소곤소곤 인사를 하는데
낡은 옷을 벗고 면도를 하니
씻어놓은 알밴 칡 같은 몸과 미륵 같은 얼굴이 꽤 아름답다.

네 살 산이도 비뚤비뚤 내게 와
"할아버지 이거 아빠가 드리래요"
배즙 한 봉 건네주고 돌아서며
오물오물 무어라 종알대는데
엄마가 집에서 만든 것이란 이야기 같다.

피오르 건너 저 백곰 부자 목욕을 다했는지
산이가 뒤뚱뒤뚱 바가지와 의자를 제자리로 가져가는데
고놈 작은 고추에서 새소리보다 맑은
호루라기 소리가 울려 퍼지고
젖은 숲 냄새보다 신선한 향이 모락모락 피어나
목욕탕 안을 가득 가득 채운다.

일렁이다

솔섬이
벌교 꼬막이
진주 남강 유등이
비 오는 소백산의 밤이
도회 등불 춤추는 바람 부는 언덕이

핸드폰을 물에 빠트려 십수 년 처박았던 전화기의 메모를 옮겼더니
늙은 핸드폰에서 오십 대 바람이 일렁인다

남귤북지(南橘北枳)

꿀참나무 유치원 친구들이 소풍을 왔다

오목눈이반 금낭화는 조랑조랑 예쁜 비단 주머니를 달고 왔고, 개불알을 만지려다 혼쭐난 복주머니난은 새침데기 처녀치마 손잡고 왔다 자주색 얼룩무늬 옷을 입은 엘레지는 솜털이 보송보송한 노루귀 손을 잡고 왔는데 열쇠를 목에 걸고 다니는 앵초는 언니가 외국에서 프라뮬러로 이름을 바꾼 유명한 꽃이라고 자랑을 하고, 외가가 중국인 자운영은 언니 오빠 동생들이 많아 사람들이 우리를 자줏빛구름이라 한다고 자랑이다

개나리반 복수초는 세 살에 와서 다섯 살 되던 해 여름 배시시 웃으며 내게 건네준 쪽지에 삐뚤빼딱 할아버지 사랑해여 결혼해요 일곱 살이 되어 언제 결혼할래 하였더니 아깝지만 할머니가 계셔서 안 되겠단다 알코올 중독 할아버지와 반신불수 할머니랑 사는 산괴불주머니 형제는 사온 김밥 다 먹고 친구들이 흘린 피자 부스러기를 흘금흘금 주워 먹는데 머리를 쓰다듬으니 쾌쾌한 냄새가 난다 쇠뜨기는 엄마 아빠가

이혼하고 외가로 갔다 할머니네 집으로 왔다 새엄마랑 살다 엄마가 몰래 데려갔다가 할머니가 데려오고 그러다 보니 우리 유치원에도 들락날락 세 번째인데 오늘도 즈 에미가 올지 모른다고 할머니가 부득부득 따라왔다 애기참반디는 새알김밥을 내 입에 넣어주고 괭이밥은 새콤한 사탕을 친구들에게 주었다

성게반 미치광이풀은 자폐증으로 특수원에 다니다가 아이들과 어울리게 한다고 오빠와 같이 왔는데 거의 혼자 놀다 가끔 회호리가 오면 친구들을 물고 때리고 하니 오늘도 조심스럽다 앙증스런 팬지와 알록제비꽃은 양지에서 바람을 간질이고 있는데 곰버들은 물통에 올챙이들을 담아왔다 몸이 가녀린 현호색은 바람에 넘어질 것만 같은데 일곱 살에 온 꿀풀은 엄마가 글씨나 숫자공부를 시키지 말라고 했는데 동무들과 잘 놀고 동생들을 참 잘 챙긴다

백조반 주름잎은 주름치마를 입었고 꽃마리는 오늘도 머리를 말았다 산자고는 풀밭에서 놀고 남산제비꽃은 그늘을 찾

는데 갓난이 때 엄마가 암으로 죽은 꿩의바람꽃은 18개월에 처음 와서 이주일 내내 울다가 못 다니고 올해 다시 와 안아줬더니 보면 볼 때마다 매달리고 선생님들이랑 밥 할머니에게도 칭칭 감긴다 오늘도 선생님 곁을 떠나지 못하는데 젖빛 미선이 향이 나비 되어 날아간다

오리는 꽥 꽥
참새는 짹 짹

작은 꽃은 큰 꽃 잡고

큰 꽃은 작은 꽃 꼭꼭 잡고

가자

가 자

아카시

이 땅으로 시집오던 날부터
악착같이 사태막이 당신을 안았습니다.

토종들이 피하는 무너진 방차나
사름파리 돌너덜에 푸른 그늘을 펴고
꿀을 빚었습니다.

매운 타국살이를
까시로 까시로 벼려
당신의 울타리가 되었습니다.

내 가지와 움 새끼들을 잘라 가도
당신 위한 소신공양이려니
기꺼이 땔감이 되었습니다.

"물 건너온 놈들이 온 누리를 다 점령하겠다."
욕으로 되돌림 받아도
당신을 원망하지는 않았습니다.

산마다 누렇게 시들어 가는
우리들 병이
그런 당신 탓이라 생각하지도 않았습니다.

먼 나라 내 고향
하, 그리운 향수병이려니 생각합니다.

애오라지
애오라지,

당신
내 이름으로 날 기억하였으면

아카시아가 아닌
아카시라는……

궁상이 무가

봄바람에 낙엽이 떨어져 날아간다

고운 단풍은
지난가을
수북이 제 발등에 내려
엄동 내내 뿌리를 덮어주다
이제 꽃 위해
뿌리와 하나 되는데

칙살맞게 질 줄 모르고
겨울을 난
늙은 낙엽이
봄바람에 밀려
이리저리 날아간다

꽃 되어 다시 오마
궁상이 무가* 주절대며

*궁상이 무가: 하늘나라의 선계(仙界)에서 지상으로 귀양을 온 궁상이가 배선이의 꾀에 빠져 노름으로 재산과 아내를 빼앗겼다가 아내의 기지로 다시 만나게 되어 결국 선간으로 올라가게 된 이야기를 담고 있는 함흥 지역의 서사 무가.

땅내

일주일 전에 심은 고구마는 아직도
시들시들한데
어제 심은 고추 모는 주살도 들지 않고
싱싱하다

고구마는
잎 뒤틀며 맨살에 뿌리내림이 느리지만
온실에서 자란 모종보다는 더 멀리
멀리 뿌리를 뻗는다

누나 여섯 여동생 하나
오직 씨할 꼬추로 자란 나는

아직도 힘든 일은 입으로 한다

불 불 불 불 달맞이꽃⑲

양계장 화재 닭 수천 마리 폐사

양돈장 불 돼지 수백 마리 떼죽음

부손에 화롯불 되살아나듯
병든 닭, 죽은 돼지 먹어치우던 때 헤집어졌다

꽃집 화재로 전소

불 맞은 꽃보다
쭉쭉 찢어놓은 자동차 가리개 속으로
슬그머니 들어 보쟁이다
얼굴 가리고 발가벗은 채 모텔 뒷골목으로 내 튀는
내 뒤통수 보았다

카메라 불에 낯 데지 않으려 얼굴 가리는
낮거리 달맞이꽃들 보였다

매내미재

옛날
다락골 댁이 나물 다래끼에
고양이 새끼라 담아왔다가
그날 밤
온 마을 개들이 죽고
소들이 고삐를 끊고 미쳐 날뛰었다 하고

사변 즈음인가
오약국집 둘째 아들이
그 산에서 큰 짐승을 보고 와
어른이 되도록 경기를 하였다고 하였다

60년도엔
고갯마루에 여남은 채
화전민들이 정착하였다가
화전민 정리 때 떠밀려가고

90년도엔

미동산 수목원이 들어서
온 나라의 꽃과
세상의 나무들이 이사를 왔다

오늘은
철조망에 갇힌 고라니
흐린 눈에 어린 산잔등에

수많은 등산화 떼와 산악자전거 무리가

큰 짐승 흔적을 뭉개려 지우려 기를 쓴다

---

* 매내미: 뫼너미.

백발삼천장(白髮三千丈)

봄부터 외상으로 부린 농기계들이 잠을 갈아엎고
주름살 고랑을 파는 밤입니다

누렇게 빛바랜 농약값 청구서가
스멀스멀 검버섯으로 피어나는 밤입니다

이런저런 밀린 회비가 웃자란 손톱 밑 때 되어
야광처럼 빛나는 밤입니다

가지 못해 버리지 못하고 쌓아둔 청첩장에서 신랑 신부 혼주들의 하얀 웃음들이 쏟아져 나와
흰 머리카락 위에 덧쌓이는 섣달 끝자락의 밤입니다

11월까진 그냥 콩 털고 고춧대 뽑으며 온종일 풀로 손톱 뜯으면
밤은 고단함으로 그럭저럭 덮었었는데…….

눈치채다

동물 새 물고기 나무 꽃 돌 물
우주와 이야기한다는 사람 보면
사람이 동물과 다른 것은 말할 수 있기 때문이고
수십 리 지간에 말이 달라 지금도
말이 통하지 않는 곳이 있다고 했는데…….

몇 년 농사를 하다 보니
곡식들 이야기가 들리고 아프다 말하기 전
눈치채야 한다는 것도 알게 되었습니다

땅콩은
비닐 피복을 하고 가장자리를 조금 터주면
더듬어 열매를 키웁니다

어제는 바람에 몸을 뒤척여
둑이 가파르고
구멍이 너무 작다 하고

대추나무 가지마다 흐드러지는

소소리바람 불 적부터 맨날 밭에 드는 사람들을 왜 막지 못하느냐
아내와 아들이 볼멘소리를 하였다

작년에 심은 대추 밭에 제초제를 안 했더니
독사풀, 꽃마리, 지칭개, 주름잎, 망초, 냉이, 개갓냉이, 씀바귀, 벼룩나물, 점나도나물, 쇠별꽃, 꽃다지들이 머언 사람들을 푸르게 부르는가 보다

대추나무를 분양해준 사람이 대추나무는 뿌리를 끊으면 허투루 움이 솟으니 냉이도 캐지 말라 하였다
나물 캐는 이들에게 이야기하면 못 들은 체하는 사람
이왕 왔으니 오늘만 캐겠다는 사람
저절로 난 나물이 아까워 그러느냐 시비를 거는 사람

그래저래 야박하게 막지를 못했다

무능하고 게을러 물려받은 땅 다 팔아먹고 남은

오백여 평 밭에 노후 대책한답시고 심은 대추나무
그나마 못 지킬 것 같으니……

가진 것 없으니
땅 투기 공청회고 경자유전(耕者有傳)*이고
계민수전(計民授田)** 헤아릴 것 없어 좋지 않은가

그저 그냥
노랑 빨강 하양 풀꽃이 어우러져 피고
우리 어머니의 어머니 때처럼
나물 캐러 온 사람들에게 움파도 뽑아주고 시금치도 갈려
주던 봄이
대추나무 가지마다 다시 흐드러지게 피었으면 좋겠다

---

* 경자유전(耕者有傳): 실제로 밭을 가는 자가, 밭을 갖는다.

** 계민수전(計民授田): 개인의 땅을 모두 몰수하여 토지 공개념화하고, 그 토지를 백성에게 균등 분배하여 빈부격차를 없애야 한다는 삼봉(三峰) 정도전(鄭道傳 1342~1398)의 주장.

절임배추

차디찬 기계칼에 능지처참되어 먼저 처형된 동포들의 눈물과 육즙이 범벅된 소금물에 하룻밤 절임당하고 양수 펌프 물대포에 살점 찢기며 염습 되어 다른 죽음들과 종이박스에 입관되어 잘려간 내 몸뚱이를 돌아볼 겨를 없이 문상객 없는 택배 영구차에 실려 떠난다

옛날에는 아니
불과 십수 년 전만 해도 이러지는 않았다고 하더라

얼룽 많이 크라고 비료를 퍼 먹이지 않았고
벌레가 더러 붙고 잔병치레를 해도 그까짓 것 그러려니 하였단다

그렇게 자라
두 쪽으로 나뉘어져도 시집간 언니 동생 작은며느리 큰며느리 고운 손 모아 속속들이 소금 쳐 맑은 물에 씻고 오순도순 버무려 한 독에 꼭꼭 담아 어머니의 정으로 익혀 들통에 고봉 고봉 퍼주었단다

자본에 계약당한 나는 이 병 저 병 기는 벌레 나는 벌레 다 잡겠다고 먹이고 덮어쓴 약에 젖어 살다 그 지독한 것들을 아직 싸지도 뱉지도 못했는데

사지가 찢겨

대구로 간 쪽은 대구 식으로
광주로 간 쪽은 광주 식으로

동경으로 갈 쪽은 일본놈 식성대로
뉴욕으로 갈 쪽은 미국놈 입에 맞는 김치가 될랑가 보다

공약

초식 당들과 연대하여
마라 강에 다리를 놓아
누 떼
얼룩말, 톰슨가젤,
그랜트 영양들의 떼죽음이
다시는 발생하지 않도록 하겠다.

150만 행복 누당

세렝게티와 마사이마라가
영원히
영원히 손잡지 못하게 하여
후손 만만대
마라 강은
우리가 영구히 지배하도록 하겠다.

악어합중국당

제2부

철부지

스물네 살
세상물정 모르는
외아들과 눈 맞아

사십사 년

삼 남매 키우며
시부모 대소변 수발

많이도 아팠던

예순 여덟에 요양보호사
여태 그리 사는

고구마

봉싯 부풀어 오르던 날부터
앳된 흙 가슴에 푹 손 디밀고 싶을 땐
잡고 잡다
된내기에 호미 잡들었네

콩, 알밤이 문 열고 뛰쳐나갈 때
풋서방 바다에 빼앗긴 애월 할망이
문고리 벗겨놓던 긴긴 밤이 있었다네

흙문을 열고도 질긴 고삐
끊지 못해
쩍 쩍 마음 터진 늙은 고구마는
손자놈 못 주겠으니

오롯이 내 차지일세!

쒁 쒁 들이닥칠 멧돼지를 기다리던
뜨건 밤과

대갈통 고구마 기다린
욕심도

양수기는 그르렁거리고

온 세상이
바싹 바싹 말라 가고 있었다

물을 대야 한다
물을 계속 퍼야 한다

다락논에 파놓은
샘으로 갔다

샘을 넓고 깊게 파지 못해
궁여지책 산골 물을 보태도록
물길을 터 놨던 것이
논바닥에 토사가 쌓이고 둑이 늙어
드는 물보다 넘는 물이 많다

한 방울이라도 더
샘으로 끌어 모으려 바삐 갈개를 쳐야겠는데
변변한 연장 없어 손톱 괭이로 파고

맨손 삽으로 움켜냈다

진창이 발을 잡고
날은 설핏한데
양수기는 그르렁 그르렁 허기를 뱉다가
크르렁 크르렁 빈창자를 토한다

근근부지
몇 달 동안 다니던 직장을 잃고
요 며칠
뿌연 밤으로 쓰고 써
오래된 사진 한 장 붙인 구직신청서
건네고 온 새벽이었다

하지가 코앞인데

밭의 폐비닐을 며칠째 벗긴다

땅 일천 평 빌려
2년 진욕 농사하였다

재작년
비닐을 피복하여 옥수수를 심었다가
돈 한 푼 못하고
후작으로 배추를 심어 몽땅 버렸다

작년
그 피복 위에 율무를 심었는데
킬로그램 당 육천 원 하던 것이 이천 원으로 떨어져
생산비도 못했다

2월엔 아내가 교통사고로 입원하여
왔다 갔다 한 달

살림에, 명절에
설 증후군이라나
어깨가 아파
이 병원 저 병원 한 달

늦어진 비닐 벗기기가 열흘째다
품삯이 비싸 품도 못 사고

하루 쉴 겸
광주 오월문학축전 한국작가대회에
국립 5·18 묘지를 참배하다
목에 건 2년 묵은 폐비닐보다 더 삭은 이름표를
슬쩍 가방에 넣었다

시인들 시비
민주열사 묘역 앞에서

쓰지 않고 보여만 주는

졸부 놈의 두둑한 지갑 같은
작가 명찰이 쪽팔리게 무거웠다

하지가 코앞인데

남녘 어디쯤 다시 태어나
삭기 전에
죽던지
죽도록 쓰던지

아내에게

안 가겠단다

다시 산 코트도
명품 핸드백도
패물도

판검사 사위도
잘나가는 아들도
최근 다녀온 외국도

아무리 뒤져도
뒤져도
들고 갈 것
쥐뿔도 없는

고등학교 반창회 부부 모임

폼 나는 내 시집 한 권 들려주고 싶다

그래 그래

아내가 새벽 기도 간 사이
썰렁한 집에 아버지가 오셨다

어머님 보내고 누워 일 년
아내가 목사를 불렀다
"할아버지 예수님 믿으면 천당 갑니다
믿으시면 고개를 끄떡거리세요."

"예! 이제 할아버지는 천당 가십니다."

인근 이삼십 리
착하다 소문난 아버지는
28년 전 그리 가셨다
자식 걱정에 아픔을 평생 삼키다
그래도 그 길은 홀로 힘들어
낯선 목사 손잡고 가셨구나 하였다

손잡고 교회 가는 것이

남은 소망이라는 아내에게
"내가 거기 왜 가느냐?"
그제 또
차가운 벽을 쌓았다

이 광활한 새벽!
수삼 년 혼자서 당신과 마나님 기저귀 갈아준
외며느리 보며 머리 끄덕이는 아버지가 보인다

선 아비

아내가 딸 산바라지 간 날

반찬을 챙기고
솥을 여니 밥이 없다
출근하는 아들 먹이려고
서둘러 쌀을 씻어 솥에 붓고
코드를 꼽고 뚜껑을 닫으려는데
밥물이 적다
물을 붓고 뚜껑을 닫으려는데
물이 없다

밥솥 없는 밥솥에
쌀을 넣고 물을 붓고……

아들은 그냥 출근하고
뚝배기에 선밥을 하여
혼자 먹다가

박동규 교수의 아버지 이야기를 듣다가

선밥에

목·매·인·다

젖는 기저귀

복통으로 응급실을 찾은 밤부터 엿새

갈건이하는 오후의 들로 전화가 왔다
내일 아내 퇴원하란다

장이 막혀 날마다 엑스레이 사진 찍으며
복강경 수술을 할 것인가 말 것인가
하루만 더 지켜보자 하루만 더 지켜보자
불안 불안한 엿새

이튿날 아침 병원 원무과에서 입원비를 계산하고 약을 타라는 퇴원 안내문이 기다리고 있다

아내에게 이제 아프지 않느냐 말고는
더 묻지 못했다

오전 아홉 시 이십 분
입원실로 전화가 왔다

더 이상 모르쇠 할 수가 없다

입원비는 딸에게 부탁하였단다

언제 오느냐
딸에게 마음 전화만 누르고 누르면서도
아내에게 물어보라 할 수도 없다

드디어 아내가 전화를 한다
다 와 간다
다 왔다 전화가 먼저 오고
같이 온 귀여운 손자 손녀도
딸 사위를 차마 바라보지 못했다

질척질척 한나절
갈아주지 않은 손자놈 기저귀보다
더 무거운

ㅇ ㅅ ㄴ ㅅ ㅁ ㅁ ㄲ

ㅇ ㅅ ㄴ ㅅ ㅁ ㅁ ㄲ 12/8 8:1 9 AM

ㅈ ㅣ ㄷ ㅑ ㅐ ㄸ ㅂ ㄷ ㄴ ㅔ ㅏ , 9 11/29 3:6 6AM

외계인?

大 대한민국 국정원?

꼴 파 당이 궁민에게 드리는?

종 치며 북 친다는 이들이 길거리에서?

스마트폰을 쓸 줄 모르는 공자가 우리들에게 보낸 메시지?

(사람들이 따라오지 못하고, 나라가 조각조각 떨어져 나가는 데도 지키지 못하며, 나라 안에서 군사를 동원하려 꾀하고 있구나.)*

컴퓨터에 CD를 넣어 좋아하는 노래를 찾아 듣고

핸드폰에 하늘 땅 나를 담아 저장된 사진을 열어보며

전동 장난감 드라이버로 온갖 세상을 열어보는

네 살배기 한음이가 제 어미 전화로 보내온 문자였다

난 아직 컴퓨터에 CD도 못 넣고
스마트폰을 못 쓰니
신통방통 몇 날을 간수하다 아내에게 보여주고
할아버지에게 무어라 문자 보냈느냐 물어보라 하였다

"할아버지 사랑해요"라고

보고 싶다 보고 싶다
사랑한다 사랑한다 하면서
보지 못했구나
듣지 못했구나

---

* 『논어』(김형찬 옮김) 중에서.

돈 주고 매 벌어준 날 1

할아버지 나 숙제 끝내거든 엄마한테 이야기하지 말고
나랑 잠깐만 나가면 안 돼요?
왜?
우리랑 장난감가게 가서 조그만 것
안 비싼 것
나랑 윤지랑 하나씩만 사주면 안 돼요?

두 놈들이 두 개씩 들고 나서며
"비싼 거는 엄청 비싼데 이건 이만 원도 안 해"
"할아버지 돈 없어 하나씩만 사" 하면서도
사인했다

아홉 살 손자는
차 안에서 포장을 뜯어 숨기려는 것을
괜찮다 하였다

노발대발
딸내미와 사위의 아이에 대한 꾸중에 이어

왜 말도 안 하고 사줬느냐
딸내미의 질책

홱 돌아설 수 없는 밥을 먹고
집에 돌아와
말하지 말 것을

아내의 지청구 한참을 이어지는
구시렁
구시렁
아무리 작게 구시렁거려도
크고 똑똑하게 들리는

사랑에 맘 흐려
돈 주고…….

돈 주고 매 벌어준 날 2
—싹수

아홉 살
이학년

가지고 싶은 것을 구하기 위해

대상을 물색하여 시나리오를 쓰고
사랑의 척도를 재어 이리저리 예단하고
타이밍을 정하여 상대의 반응을 보며
재치 있는 애드리브도 하여

가지고 싶은 것을 쟁취하는

이 얼마나
기특하고 창의적인 기획력이며 순발력이냐

약속한 공부를 마치면 사준다는
약속을 어겼으니 벌 받아야 한다고?

혼날 것을 뻔히 알면서
포기하지 않는 그 용기
실천력

그 시나리오는 단순한 점이 아니요
선도 아닌,
가히 입체적이다

원대하고 무한한
4차원의

온 우주를 뒤덮고도 남을
싹수다

돈 주고 매 벌어준 날 3
—포도

너
울타리를 벗어나 보겠다는 생각은 꿈에도 말아
하늘을 오르겠다는 꿈은 애당초 꾸지도 말아

주는 대로 먹고
자라라는 대로 자라고
정해주는 대로 꽃자리 잡고
솎아주는 대로 열매를 키워야 해

혹여
말 안 듣고
네 멋대로 자라
상품성 없는 포도를 맺는 날
넌 그날로 베어져 재가 되는 거야

명심해
넝쿨 뻗어 어울리려 하지 마
친구, 그런 것은 없어

모두 경쟁자야

공부
공부
공부

오로지 상품성 있는 포도를 위한

오월 붉은 언덕에 이사 온 밤톨 삼 형제

동쪽 아라
포대기 들친 해님
추암 촛대에 햇귀 당기고
동해교회 종탑
종탑 올랐다

붉은 언덕 길
사층 빌라
삼층
세 칸 방

굄받이
꼬두람이 믿음인
하마 깨어 옹알이로 반기고

아직도 곤히 잠든
가운데 톨 지음인
엉아 다리 띠앗 걸었는데

다섯 살 큰 영아 한음인
“너무해”
“너무해”
파헤쳐진 자병 산이 너무 불쌍해
속 태우고 태우던 까치놀
여태 한음이 잠 속을 떠나지 못하나보다

별 뿌려 꺼먹바위 닦아주던
청정 밤 파도요
믿음이 아토피
아토필랑 말끔히 씻어주소서

도담도담 하여라
도담도담 하여라

꼬꼬지
꼬꼬지부터
천곡 동굴 석순 기르시는

무궁하신 자애의 주인이시어
지음이
지음 이에게
엄마 품 같은
한울 가슴
한울 가슴 주소서

도담도담 하여라
도담도담 하여라

청옥 두타
두 젖 흘려
무릉반석 빚은 신 신이시여
큰 영아 한음일랑
동강 난 백두대간
다시 이어 한마음으로
이 강산
세계 만민

함께 찬양케 할
다원 되게 하소서
다원 되게 하소서

도담도담 하여라
도담도담 하여라

---

*아라: 바다.
*햇귀: 해돋이 때 처음으로 비치는 빛.
*굄받이: 귀염둥이.
*꼬두람이: 막내.
*띠앗: 형제나 자매 사이에, 서로 사랑하고 위하는 마음.
*까치놀: 바다의 수평선에서 석양을 받아 번득거리는 빛.
*도담도담: 어린아이 등이 별 탈 없이 잘 자라는 모습.
*꼬꼬지: 아주 오랜 옛날.
*한울: 크나큰 끝없는. 우주.
*다원: 모두가 다 원하는 무두가 다 사랑하는 사람.

비에 젖은 크리스마스

아침이 잔뜩 무겁더니
비가 내린다

성현이 한음이 윤지 지음이 믿음이
꾸벅 꾸벅
이때 저때
산타클로스 할아비를 기다리고 있을 텐데

칠십 년 만에 일찍 언 땅에
찌르르 빗물 스민다

전화기로 못 간 손자놈들 이름이
아롱아롱 뿌옇게 창에 어린다

제3부

집으로

지난밤 광풍에
다 붉지 못하고 진 단풍이
뱀사골을 벗어나
물 따라 마을로 간다

낮에는 토벌군 정보원
밤에는 빨치산 짐꾼 하다
떨어진
무고한 영혼들도
설진 단풍 따라
집으로 간다

다시 울타리 높게
쳐지는 집으로

첫눈

귀를 막았다
자궁 같은 캡슐이다

나 혼자다

얼음을 찢은 앉은부채꽃 울음이 터진다
뜨거운 마당에 떨어지는 소낙비 소리 함께 떨어진 미꾸리의 비명
쿵쿵 상수리나무가 온 산을 울리고 툭 툭 도토리가 가슴을 친다

첫눈이 왔다
육십오 년 그어오던 줄이 어느 오후 느닷없는 눈으로
한순간 지워졌다

세 번째 눈을 맞았다는 주씨는 반편을 간병인에게 맡기고
건너편 황씨는 하루에도 몇 번씩 오줌똥을 아내의 욕설과 섞는다

이곳 5병동은 모두가 자기공명영상(MRI) 음악실을 나온 동문들인데
지우고 다시 오고 쓸어져 또 오고 더 굳히고 또다시 오곤 한단다

"뇌경색은 평생 약 먹고 술 담배하지 말고……."
"이상하면 얼른 다시 오셔야 합니다"

어찌 나라고 유독 첫눈이 끝눈이길,
설마 다시 오려거든 내 모두를 푹푹 묻힐 만년설이었으면

그럴 때마다 너는 안 오고

눈 포단*에 덮일 날 머지않았는데
영산홍 붉던 날이었지
급한 일이 있어 잠깐 갔다 오려니 했어
그때는

중학생쯤 되어 보이는 것들이 와서 입맞춤을 하는데
얼마나 오래 맞추는지
와락 고함치려다
네 생각하며 슬금슬금 훔쳐보는데
쪽 쪽 올갱이 빼먹는 소리에
혓바늘 돋을까 걱정하다 피식 웃었어

운동하러 온 할머니가
대낮에 엉덩이를 내 쪽에 대시고 소마**를 보시는데
쭈그렁 엉덩이가 희치희치*** 내 몰골이지 싶어
널 향해 슬펐어

갓 익은 복숭아 여인

나긋나긋 소곤소곤 전화하며
노루배꼽 향기 풍길 땐
나도 제법 탱탱해지기도 했었어

때론 지킴이 선생님이
경비실에다 재워주기도 했었어
그러다 다시 이 발 저 발에 차여
운동장 가로 밀려났었어

그럴 때마다 너는 안 오고

---

*포단: 사람이 잠잘 때 덮는, 솜이나 오리털 따위를 넣어 만든 침구의 하나.
**소마: 오줌을 점잖게 이르는 말.
***희치희치: (살갗이나 가죽, 껍질 따위가) 몸통에서 분리되어 뜯어지거나 까지다.

할 말 있시유

우리들 보구
벙어리 뻐꾸기 벙어리 뻐꾸기 하는데
할 말 있시유

우리는 히말라야와 중국 남부 지방과 대만에 사는데
그중 일부가 여름에 한국에 와서 지내유
이래봬도 즈덜은 뻐꾸기보다 드믄 새유
산에서 살며 아침에 주로 우는데
즈덜 중 누가 어쩌다 청와대 뒷산에서 울었나 봐유

그런데 듣기를 깨떡같이 들었지
언제 우리덜이 "홀딱 벗고"라고 울었씨유

그라는 거 아녀유
지발 앞으루 듣는 것부터 잘 듣구
외국 나댕기며 벗어싸쿠 하지 마유

미국 가서 그랬대매유

단기 사천삼백육십 년 오월
벙어리뻐꾸기 대변 새

기능성 수의(壽衣)

장례식장 현관에
진열된 수의들

재질은
명주 인견 한지 삼베다 뭐다
디자인은
신선에 선녀스타일?

죽으면 모두들
극락이나 천당으로 가나

불지옥으로 갈 분은
방화복
뱀지옥은
정글복이라던가

구천을 떠돌 노숙자는
고어텍스라던가

방한 방수 발수 방탄 등등 기능성으로……

나

나?

우리 동네 이씨

우리 동네 이씨는

자기가 사주기는 해도
남에게 얻어먹고는
그냥 못 배기는 사람이다

평생을 책 한 권 안 읽었어도
남에게 절대 피해를 주지 않았다 한다

담배는 아무 데서나 피우고
버린다
제방엔 풀이 자라는 것보다
곡식을 심는 것이 좋다고 한다
나무와 돌은 자기 집에
캐다 심고 옮겨오면 된다고 생각한다

물고기 뱀 청둥오리 경칩이를 잡아다
모두 불러 함께 먹는다

관광을 가면
출발해서 올 때까지
진종일
모든 사람에게 억지로 술을 먹으라 하고
춤을 춰라
잡아 끌어낸다

돈도 잘 내고
물건도 잘 산다

우리 동네 이씨는

참새도 고양이도 저승사자도 배고픈 세상

아내가 입원하여
내가 지은 제삿밥
혼자 두고 먹으려 냉동실에 두었더니
하얗게 얼었다

자싯물로 짐승 키우던 시절
겨울 초상집 문 앞
하얗게 언 세 접시 사잣밥이 이랬다
얼어 부풀어
하얗게 접시에 푸시시 넘치던
사잣밥

개 두 마리를
학교 급식소에서 잔반을 걷어다 먹인다
먹고 남은 개밥을 두엄탕에 버리니
고양이들이 꼬인다
참새 떼도 상주를 한다

예전에는
삼일이나 오일장 치르도록
고양이나 새들이
사잣밥을 먹었단 말 못 들었다

방학이라 급식소를 운영하지 않으니
개들이 배 주린다

고양이 새들도 굶주린 겨울이다

이젠 초상집에 사잣밥이 사라졌으니
저승사자도 배고프겠다

고마워유

침 꽂고 한의원에 누웠는데
마수없이 고마움이 솟았다

수염이 풍성하였다는
한 번도 뵙지 못한 수십 년 전 이미 돌아가신 분
자식을 우리들 동기로 입학시켜준 분

국민학교 때
착하고 공부 잘하고 예뻤던 그 애
머슴애들 대부분
자기 각시 삼고 싶은 지지배였지

수십 년 온새미로
동문회 행사나 일 년에 몇 번씩 하는
모꼬지 때마다
옴니암니 주선하고
술 취한 친구들도 달래주는

가장 단미하면서도
가장 여자 같지 않게
이무러운 칭구

그를
높은 핵교 보내지 않아
오롯이 우리들의 아띠가 되게 해주신 분

그러게
진짜루 고마워유

---

*마수없이: 뜻밖이고 갑작스럽게.
*온새미로: 자연 그대로 언제나 변함없이.
*모꼬지: 놀이나 잔치 또는 그밖의 일로 여러 사람이 모이는 일.
*옴니암니: 아주 자질구레한 것.
*단미: 달콤한 여자. 사랑스러운 여자.
*아띠: 친구.

웰 다잉(Well Dying)

1. ( )은 어제 ( )세를 일기로 세상을 떠났다.

2. 그의 사망원인은 ( )이었다.

3. 그의 가족은 ( )이며 그는 ( )의 구성원이었다.

4. 그는 사망한 그때 ( )를 하고 있었다.

5. 그를 아는 사람들은 그를 ( )라고 기억할 것이다.

6. 그의 죽음을 가장 슬퍼할 사람은 ( )일 것이다.

7. 그가 세상에 남긴 업적은 ( )이다.

8. 그의 마지막 남긴 말은 ( )이었다.

9. 그의 시신은 ( ) 처리될 것이며, 장례식은 그의 유언에 따라 ( ) 진행될 것이다

위 문항은
웰 다잉* 강사 양성 교육 교재에서 본 자료이다.
그를 나로 바꿔 봤다.

나는 어제 85세를 일기로 이 세상을 떠났다. 로또에 당첨되어 한 십여 년 세계 일주를 하고 이제 이세상은 볼 곳이 없다고 더 근력 떨어지게 전에 저세상 구경하여야 한다고 갔다.

아내와 아들 딸 며느리 손자 손녀 로또가 돌봐준 세계의 많은 손자 손녀들을 둔 시인이었다. 저세상으로 떠날 때 저저세상 표(로또)를 또 챙기고 있었다. 나를 아는 사람들은 줄 것 없이 다 주고 (장기기증) 갔다고 기억할 것이다. 나의 죽음을 슬퍼할 사람은 없을 것이다. 다만 이 세상 구경을 더 하지 하는 아쉬움은 몰라도 세상에 남긴 업적 뭐 그런 것은 없는 것 같다. 대부분 사람들이 함께 살 필요 없는 사람이라고 생각하지 않았다면……. 덕분에 구경 잘했다. 재활용하고 남은 내 몸을 오염되지 않게 뿌리면 다시 꽃이 되고 나비가 되고 바람이 되고 새가 되리라.

---

* 웰 다잉(Well Dying): 아름답고 품위 있게 인생을 마무리하고 죽음을 맞이하는 것.

★★이야기

★

—사탕과 바꿔먹은 조무래기 ★들

누구를 따라 갔는지 무슨 노래를 불렀는지 어떤 율동을 하였는지 끝날 무렵이면 동네별로 줄을 세웠다 가장 줄이 긴 동네 아이들은 비과*와 사탕을 가장 많이 주었다

예배당 뒷벽에 붙은 표에 동네별로 그려 넣는 ★을 뿔 다섯의 ★을 그때 처음 만났다 글도 ★도 모르던 시절 사탕 하나 더 먹기 위해 예배당 가는 날이면 동래 조무래기들을 끌어 모아 과자와 사탕을 바꿔먹는 ★을 만들었다

★★

—쌓지 못한 ★탑

이웃 동네 영자와 가끔 문학을 이야기하자고 말을 텄다 전화가 없던 시절 만나고 싶어도 빨리 전할 방법이 신통치 않

아 인가가 멀찍한 둑에 둘만의 장소를 정해놓고 보고 싶으면 ★을 기다려 거기서 만나자고 하였다 징표로 돌을 남기자 하였다 혹여 못 만나도 돌을 두고 가자 하였다 매일 밤 쌓여지는 돌들이 언젠가 ★처럼 쌓여 탑을 이루리라 하였다 돌무더기가 차츰 가슴에 쌓여가던 어느 밤 술김에 느닷없이 와락 껴안았다가 뺨에 번쩍 ★을 튀겨준 영자의 손은 떠나갔다

결혼을 하였다거나
어디서 무슨 장사를 한다거나
★똥 ★처럼 스치곤 하였다

그리고 몇 해 전
충남의 어느 암자에 여승이 되었더라고 친구가 한번 가보자 하는 것을

---

*비과: 우유로 막대처럼 만들어 바스락 종이에 싸서 팔았다. 유과는 굵기가 굵고 비과는 가늘었다.

베스트멤버

국민학교 5학년 여름이었다
운동장에 남자아이들만 횡대로 세우고
앞에 보이는 플라타너스 나무를 돌아 선착순 하라 하였다

열심히 달렸다
번호를 붙이고 뒤에서 몇 명씩 앉으라고 하였다
그날따라 잘 달리고 달렸다
몇 번 만에 삼십여 명 중 세 명이 남았고
그 세 명은 방과 후 운동장에 모이라 하였다

뜀박질이라곤 육 년간 앞에 놈이 넘어지는 행운 3등 한번 못해본 둔자배기가, 예고 없이 그렇게 육상선수 선발을 한 선생님, 뒤처지면 힘든 뜀박질을 안 해도 되는 것을 눈치챘던 나보다 훨씬 잘 달리고 약은 아이들, 그들 덕인 줄도 모르고 자랑스러웠다 여름 내 학교와 중학교를 옮겨 다니며 뙤약볕과 달렸다 막상 가을이 되어 육상 대회는 따라가 보지도 못하고 생에 단 한 번 육상선수 생활을 마쳤다

마을,

군(軍),

직장,

조기회,

기왕이면 내 자리 굳히려 씨름이며 배구, 축구, 악착같이 뛰었다

막상 시합 날은 모르는 사람이 올 멤버 되기 일쑤였지만

"시합은 이기고 봐야 한다"고

아직

노력만으로 기록을 깰 수 없다는 것을 다 깨치지 못하여

원고지를 돌며 선착순 하는 밤들이 있다

시(詩) 베스트멤버를 꿈꾸며

홑고쟁이만 입었는데

나서니 뒷덜미도 서늘하다
농사는 때가 있고 풀들은 폭염을 알아주지 않으니
주의보를 따를 수 없었다
어제 참깨를 돌보는데 사타구니가 쓰라려
참다 참다 병원에 가 치부를 드러냈더니 완선이란다
깨끗이 씻고 약 바르고 시원하게 입으란다

아무도 눈치채주지 않음이 서운하기도 하다
난 그 궁금함이 운명(?)을 바꾼 것 같은데
중학교 일학년 때 예쁜 여자 영어 선생님
스커트를 입고 재봉틀 의자에 앉아 수업을 하였다
무척 궁금했다
펜을 떨어트리고 주우며 보려고 하였다
딱 걸렸다
그대로 교무실로 끌려가 출석부로 머리를 맞았다
다른 선생님들이 왜 그러느냐 물어도 때리기만 하였다
그리고 영어 시간에는 교실에 들어오지 말라고 하였다
다음 시간 설마는 진짜였다

교실 뒤 영어 성적 그라프에 열손가락 안쪽이었는데
그렇게 쫓겨나
고등학교 가서 영어 첫걸음으로 다시 A b C d 활자체 필기체를 익혔다
그렇게 선생님 스커트 속으로 들어간
영어는 번번이 능력 평가의 턱이 되었다

호기심 받기에
이제 너무 저물었나?

달랑 반바지 가랑이로 솔솔 한세월이 샌다

도대체

그해 겨울

이른 어둠이 건너 마을 저녁연기로 피어오르면

어김없이 무서운 가위눌림의 깊은 수렁에 빨려들었다

열 살의 어린 밤

당장 죽을지 모르는 무서움에 잘 수가 없는데 이 두려움을 어떻게 이야기할 수도 없고 이야기해야 막아줄 사람이 없을 것 같아 더더욱 무섭고 슬프고 허망스러웠다

6·25 격전지였던 미원,

어머니 등에 업혀 피난 가던 기억 조각들

한집에 살던 시영이 아버지가 군에서 죽어 왔다고 하얀 상자를 끌어안고 몸부림치며 나뒹굴던 시영이 할머니, 휴전 후에도 좌구산에 빨치산이 은거하여 미원지서를 습격하였다 하고 아버지가 숙직하던 밤 불타던 미원면사무소

공비가 온다고 호롱불도 켜지 못하게 하고

울지도 못하게 하던 그 캄캄한

밤.

밤.

밤.

김일성과 빨갱이들이 악마보다 흉악해 언제 다시 쳐들어올 줄 모른다고 진저리 치도록 가르치던 학교. 영화도 강연회도 웅변대회도 온통 무서운 빨갱이 이야기였다 학교 화장실, 우물, 배수구에서 나오던 수류탄, 총알, 녹슨 폭탄. 쥐불놀이를 하던 동네 형들이 돌무더기에서 파내 공처럼 차고 다니다 조각조각 부서버린 해골. 인민군 패잔병을 잡아 동네 앞 밤나무에 묶어놓고 총살을 한 것을 동네사람들이 대충 돌로 덮어놓은 것이라는,

개울가 모래밭. 밭둑. 돌무더기에서 나오던 해골, 철모, 통조림. 둥구나무에 매달려 종이 된 포탄 껍질. 인두자루가 된 기관총 탄피. 똥간 지붕이 된 군 트럭 보닛, 파이버 두레박, 철모 똥바가지 등등

전쟁의 도깨비들

그 도깨비들이 밤마다 흉흉하게 울고

홍역이 한번 돌면 동네아이들이 몇 명씩 죽어 나가도 미원엔 병원이 없었다 양약방이 하나 공의라 부르던 돌팔이 의사 그리고 송정리 예배당 앞에 한약국이 하나 있었다 보리미에도 사랑방 천장에 주렁주렁 약봉지를 매달아놓았던 오 약국집이 있었고 수염이 허연 침쟁이 할아버지가 있었다

그해 겨울

세 살 아래였던 여동생이 아프다고 (홍역은 아니라고 하였다) 오 약국 양반과 침쟁이 할아버지가 며칠 오더니 그날 밤 다급하게 침쟁이 할아버지를 다시 불렀다 조금 지나 어머니가 토하는 울음이 윗방 문을 넘어오고 볼이 까맣게 터 노래를 잘 부르던 여동생은 그 밤 육촌 형님과 동네 어른들의 수군거림과 함께 어디론가 갔다 누나 여섯에 외동아들인 내 밑으로 태어나 죽을 때까지 헐렁한 내 헌옷만 걸치다 병원 한번 못 가보고 죽은 누이는 못살게 군 나를 떠나지 못했다

어머니는 틈틈이 우셨고

난 엉엉 울지도 못했다

봄이면 달래, 메, 칡뿌리 캐고 버찌 따먹고 올무 주워 먹고
우렁이 후비러 다니고 새알 찾으러 다니고.
여름이면 토끼, 돼지, 소 풀 베는 틈틈이 밀때기 보리때기.
개구리 뒷다리 구워 먹고 멱 감고 물고기 잡았다
가을이면 머루 다래 따고 산밤 주우러 다니고
겨울에는 형들 따라 땔나무 하러 다녔다

겨울에서 봄으로
지치도록 쏘대어 가을로 뜀박질을 해도
착한 잠
순한 잠은 오지 않았다

너 커서 무엇이 될 거니?
한 번도 문제를 만들거나 답을 만들어보지 못했다

소희야!

우는 네 모습이 아름답구나!

시월의 마지막 날
가을비는 내리고
남편 가고 여섯 달이라며

너와 동갑일 그 여자아이
지금도 눈물로 자주
흠뻑 생을 닦고 있는지

아버지 상여에 매달려
핏덩이 울음 토한 지 서른두 해
메말라 굳은 눈물
꺽꺽 토하고 싶다

나뒹굴며 발버둥 치며
창자까지 토해보고 싶다

제4부

소스라치다*

뱀을 보고 소스라치게
놀란다는 사람들

지금은 뱀눈을 가진 사람을 보고
4대강들이 소스라치게 놀라겠다

집요하게 뱀의 혀를 놀리는 인간의
간교함에 까무러치겠다

물고기. 수초. 새.
모래. 자갈.
흙.

---

* 함민복의 시 「소스라치다」를 읽고.

아! 매화다

사는 곳이 멀다보니
오십이 지나서야
시인 따라 너를 보았지

산청 삼매
썩은 등걸 움 가지에 듬성듬성 피어난 널 보고
왜 그다지도 사랑하였는지 그때 알았었다

그 후 스치고 만나고…….

궁궐을 월담하여
이 언덕 저 구릉에 어우러지며
황토 신발 신거나 푸른 이끼 걸치거나
맵시 있는
꽃 중에
꽃

흙을 꼭꼭

햇살을 오래 오래 씹어 먹음이어라

당신을 스친 바람은
깊은 산골 샘물이요
바닷가 몽돌의 노래라 하네

물안개 미소에 피는
저 볼우물
아!
매화다!

살짝 코끝을 대보고 싶은

김서방 올 것 같은 날

걸쭉한 흙탕물이

미어지게 미어지게

가랑이로 드는 것이

시방 그가 날 움켜잡고

기름공이를 움켜잡고

눈흘레

눈흘레를 하는가 보다

남편 콧소리

천둥 치는 밤

그리고

백두산 설악산 한라산 속리산

꿀참나무 숲 유치원 아가들은 입학 후 꾸준히 산에 다닌다
그리고
일곱 살 졸업 때가 되면 기념으로 문장대를 오른다

올해는 가고 싶은 산이 어딘가 물어보았다
백두산 설악산 한라산 속리산 우암산 미동산
그리고
부동산이 있었다

일곱 살 아기가 가고 싶은
부동산

호맹(好盲)

텔레비전을 보며
재는 코를 세웠네,
저 여자 조기 보톡스를 맞은 것 좀 봐.

식당에선
짜네, 맵네, 조미료 맛이네,

직장에선
그 사람은 안 그런 것 같아도 투미하거든.
그 사람 잘 몰라서 그렇지 영리한 것이 아냐
간특해.

하루 종일 아님 평생
다른 사람의 잘못된 곳만 보이는 증상,
호맹(好盲)이다.

칭찬할 수 없는 호맹은
긍정이 투정으로 보이는 심(心) 굴절 장애다.

타인의

아름다움, 맛있음, 수고(手鼓)를 굴절시켜

행복을 차단케 하는 중증 심적 장애다.

갈꽃 피는 강

가을빛 완연한 남한강을 보았습니다
물빛은 하늘빛을 닮아가고
강가 갈대숲이 손을 흔들고
반짝이는 백사장
모나지 않은 돌들

그런데 군데군데
제방을 쌓는다고
보를 막는다고
포클레인이 발톱을 세워 할퀴고 후벼 파고
엄청나게 큰 덤프차 바퀴에 깔려 뭉개지고 있었습니다

비밀번호

늙은 거미는
깊은 밤
마르지 않은 기억을 꺼내 집을 짓는다

모시나비를
처음 만나던 날을 뒤져
통장번호를 만들고
환상의 날을 풀어다
인터넷 번호를 만든다

너를
줄에 달아놓고
자위를 한다

아직 가끔

땔감

동갑인 그*를 보고 온
추운 밤

어린 손자들이 왔는데
보일러 연료는 동나고
마감 날은 다가오는데
시는 아직 기미도 없다

그는 진실이 아닌 말,
내 것이 아닌 말,
폭력적인 언어를
사용하지 않으려 섬에서
오래 혼자 살아 우리말이 어눌하였다

날 새면
펠릿**이야 꿔 오기라도 한다지만
한 파수도 안 남았는데
원판 무식함에 책도 드리지 않고

시는 또 어떡해야 하나

내 맘 아닌 맘
내 말 아닌 말들을
태워 버리면
뭐가 보일랑가

---

*소설가 김훈.
**나무를 부숴 압축하여 만든 난방 보일러 땔감.

장수(長壽), 그보다 더 궁금한

애동고추 때
수정에 쌀뜨물을 주어 보았다

세계 장수 견문록
조지아 남자들
긴 얼굴
큰 코
멋진 콧수염

조지아
조에
멋진 ㅈ을 나룻으로 달아주면

정말 클까

아직

코끼리 똥 냄새 태국 냄새 난다고
김, 김치, 고추장, 장조림, 깻잎장아찌
때마다 유난을 떠는 일행이 있는데

난 시근 없이 바퀴벌레 전갈튀김 먹었다

기껏 노천카페에서 밤을 넘겨보다가

돈 벌러 밤에 나선 붕어마름 같은 여인들도 못 도와주고
마누라 진주 반지 라텍스 베개 하나 못 사왔다

"너 언제 사람 될래?"

아버지 목소리 쟁쟁하다

꾸깃꾸깃 깍두기 시

뽑고
씻고
썰다 조는 아내
잠자리에 등 떠밀고

깜빡 깬 세 시
이왕이면

손자놈들 재밌게
멕이려

꽃, 별, 동그라미, 마름모, 세모,
남다르게 서로 다르게
꾀까다로이 쓰다
쓰다 보니 다섯 시

무말랭이 할
무

희한하게 썰어 놨다

핀잔 받은
새벽

연상의 여인과 연애하고 싶다

나이 팔십이 좋단다

다시 열아홉이 되라 하면 싫단다
살아갈 날의 삶의 무게가 싫어서
살아온 날들이 후회 없어서

나이 육십칠에
극중 팔십이 좋단다
향기로울 팔십이 기다려진단다

여유로운 미소
말랑한 입술 단아한 치아

오늘밤
연극배우 박정자를 안아보고 싶다

금낭화

밤 두 시
별에 담배연기를 훅훅 보내다
아직 꺼지지 않은 꽁초를 보다가
조랑조랑 달린 며느리주머니를 보았다

이곳으로 이사한 지 이십여 년
그리고 꽃을 심고
십수 년
현관 옆에서
봄마다 꽃을 피웠을 터인데

별빛에

이 밤에사 자세히
자세히 주머니꽃을 보았다

다람쥐 어린이집 밤 줍기

반짝 반짝
눈 불 밝힌

밤톨들
가득

웃음 듬뿍
햇살 가득

닮은 듯
같은 듯

모두가
또랑또랑

해설

지혜와 연민 '사이'에 깃든 시

백인덕 시인

1.

시가 있다. 조촐하면서 허허롭고, 때론 찌릿하면서 불끈하게 하는 어쩌면 난감하고, 달리 보면 정감 솟는 시가 있다. 여기서 '시(poetry)'는 김학성 시인의 개별 작품(a poem)을 지칭하지 않는다. 오히려 시인이 보여주는 태도, 자세와 관련한다. 그렇다고 스탠스(stance)나 포즈(pose)를 의미하지도 않는다. 시인이 '벙어리뻐꾸기'(「할 말 있시유」)의 '대변 새'를 내세워 특유의 어눌함을 가장해 현실의 졸렬함을 슬쩍 꼬집어보려 한 것처럼 자세는 또 다른 차원에서 '의미'를 생성하고자 하는 시인의 의지를 겨냥한다. 또한 의지를 목적과 혼동해서는 안 되고 결과로 환원할 수도 없다. 자세와 결부해서 의지는 그 '항상성', 즉 흔히 말하는 '초심(初心)'과 짝이 되어야만 한다.

늦어진 비닐 벗기기가 열흘째다
품삯이 비싸 품도 못 사고

하루 쉴 겸
광주 오월문학축전 한국작가대회에
국립 5·18 묘지를 참배하다
목에 건 2년 묵은 폐비닐보다 더 삭은 이름표를
슬쩍 가방에 넣었다

시인들 시비
민주열사 묘역 앞에서

쓰지 않고 보여만 주는
졸부 놈의 두둑한 지갑 같은
작가 명찰이 쪽팔리게 무거웠다

—「하지가 코앞인데」 부분

시집에 그려진 시인은 온통 서툴다. 인용 작품만 보더라도 "재작년/비닐을 피복하여 옥수수를 심었다가/돈 한 푼 못하고/후작으로 배추를 심어 몽땅 버렸다//작년/그 피복 위에 율무를 심었는데/킬로그램 당 육천 원 하던 것이 이천 원으로 떨어져/생산비도 못했다"고 한다. 이 초음속으로 뛰고 나는 것만 부지기수인 땅에서 기술과 정보가 부족했던 것이다. 그래도 시인은 "하지가 코앞"이라는 사실에 쫓겨 열흘째 늦어진 폐비닐을 벗긴다. 그러다 "하루 쉴 겸" 행사에 참석한다. 거기서 시인은 "목에 건 2년 묵은 폐비닐보다 더 삭은 이름표"를 결국 떼어 "슬쩍 가방에 넣"고 만다. 시인은 비록 "작가 명찰이 쪽팔리게 무거웠다"고 했지만, 가방에 들어간 명찰은 그 자체가 다른 뜻을 함의한다. 앞에서 '서툴다'고 했지만, 그것은 시인이 스스로 그려내는 '초상(肖像)'이 그렇다는 것일 뿐, 이번 시집을 관통하는 의미 차원에서는 결코 그렇지 않다. "시인들의 시비/민주열사 묘역 앞에서" 자신의 목에 건 명찰이 폐비닐처럼 무겁게 느껴져, 아니 그것이 꼭 제거되어야 할 어떤 것으로 느껴져 슬쩍 떼어 감추는 행위는 지극한 자기성찰 없이는 불가능한 행위다. 포즈가 아니라 시인이라는 자의식이 이런 행위를 촉발한다. 그러므로 "남녘 어디쯤 다시 태어나/삭기 전에/죽든지/죽도록 쓰든지"는 미래형이 아니라 현재진행형이 된다. 죽도록 쓰는 게 깊거나 무거운 작품이 아니다. 시인은 결과 이전에 자세의 문제에 집중하고 있음을 이렇게 에둘러 드러낸다.

앞에서 '서툴다'고 했지만, 이 서투름은 새로 접하게 된 환경에 의한 것이지 부족이나 불완전의 표지가 되지 않는다. 시인은 지금 시간이 주는 '지혜(sopia)와 연민(pathos)' 사이에서 '의미'의 여러 층위를 가로지르려는 화살을 계속 쏘아대고 있다. 그 화살이 시위를 떠나는 소리는 분명히 들리지만 관중했는지 여부를 눈으로 확인할 수 없어 불안한 것이다. 과녁은 멀리 있거나 아예 없을 수도 있다. 그러므로 시인은 늘 쏘는(쓰는) 자세로 되돌아온다. 그것만이 명확하고 자기 의지의 마지막 결절이기 때문이다.

2.

시간이 주는 '지혜(앎)'는 체험의 다양성이나 총량에서도 빚어지지만, 시에서는 대개의 경우 관찰과 발견, 즉 '눈'에 의해 형성된다. 대단한 것에 대한 집요한 탐색이기 이전에 가까운 것들, 즉 사건과 사물에 대한 시각의 변화가 새로운 앎으로, 나아가 자세의 변화를 이끄는 계기가 된다. 세계란 자기 밖의 일체이므로 우리가 꼭 온 우주를 상상해야 할 필요는 없다.

아스파라가스를 움켜잡은 나팔꽃을 풀어
줄에 감아주었더니
반대로 다시 감았다

나팔꽃 메꽃 마 으름 더덕은 왼쪽으로 감고
등나무 한삼 까치콩 동부 메꽃 박주가리는 오른쪽으로
감는다

우리 울엔 칡이 없어서인지
갖바치 백정은 동구 밖에 움막을 팠다는 전설 없고
잃어버린 십년이네 빼앗긴 천년 일세하는 동요도 없고
왼쪽으로 감는 것들은 북쪽으로 가라는 동화도 없다

얼기설기 목말 태우며
틈틈이 고개 내밀어
유리 구두 신으러 하늘로, 하늘로 간다

서로 적대하여 충돌하지 않고

—갈등(葛藤) 전문

김학성 시인은 "아스파라가스를 움켜잡은 나팔꽃"을 발견한다. 이 발견은 시적으로 중요하다. 앞에서 '의미'를 여러 층위로 이해할 수 있다고 암시했지만, 어떤 형상을 보고 느끼는 것은 감각적(sense) 의미에서 벗어나지 못한다. 시인은 '나팔꽃'에서 시작한 발견을 하나의 탐구로 연결한다. "나팔꽃 메꽃 마 으름 더덕은 왼쪽으로 감고/등나무 한삼 까치콩 동부 메꽃 박주가리는 오른쪽으로 감는다"는 것을 알아낸 것이다. 이 앎이 무슨 대수냐고 반문할 수도 있다. 하지만 '발견→ 탐색→ (의미)부여'라는 과정이 없다면 그 '메시지(의미)'는 한낱 공허한 구호 이상이 될 수 없다. 시인은 3연의 '이야기'를 통해 식물에서의 발견이 사람의 것으로 전환되고, 그것이 "얼기설기 목말 태우며/틈틈이 고개 내밀어/유리 구두 신으러 하늘로, 하늘로 간다"고 상상(바람)의 차원까지 일순 그려내고 있다. 이 작품의 표제는 '갈등'이지만, 갈등하지 않는 세상에 대한 염원을 아무렇지도 않게, 높은 톤의 목소리 없이도 그려낸다.

> 피오르 건너 저 백곰 부자 목욕을 다했는지
> 산이가 뒤뚱뒤뚱 바가지와 의자를 제자리로 가져가는데
> 고놈 작은 고추에서 새소리보다 맑은
> 호루라기 소리가 울려 퍼지고
> 젖은 숲 냄새보다 신선한 향이 모락모락 피어나
> 목욕탕 안을 가득 가득 채운다
>
> —「산이네」 부분

사람은 자연의 일부거나 그 속성을 닮은 것이 아니다. 그냥 '사람이 자연이다.' 이 명제는 언제나 시적 인식을 위해 새로운 시각을 제공한다. 시인은 '목욕탕'에서 만난 귀농한 지 몇 해 되지 않는 부자, '산이네'를 보여준다. 목욕탕이라는 공간의 함의는 너무나 자명하고, 시인은 "낡은 옷을 벗고 면도를 하니" 즉, 산이 아빠가 내면은커녕 외양만 바뀌어도 전혀 다른 사람으로 보일 수 있다는 것을 알고 있었지만 다시 체

험한다. 심지어 '산이'의 "작은 고추에서 새소리보다 맑은/호루라기 소리가 울려 퍼지"는 것 같은 느낌을 받는다. 이렇게 시간이 주는 지혜는 나의 가까운 일상과 사물에서 거리와 범주를 넓혀 타자와 사건을 향해 퍼져나간다.

물론 우리는 이렇게 획득한 지혜를 근거로 살아가고자 하나 현실은 늘 빗나가거나 심지어 조롱을 서슴지 않는다. 위대해지는 것이 아니라 '자기 자신답게 되기'에도 늘 힘에 부치기 마련이다. 이 괴리는 해소될 가능성이 없기에 차라리 생의 근본 모순으로 받아들이는 게 낫다.

첫눈이 왔다
육십오 년 그어오던 줄이 어느 오후 느닷없는 눈으로
한순간 지워졌다

—「첫눈」 부분

모든 게 순차적으로, 자연스럽게 일어서고 가라앉길 바라는 것은 '인간적 소망'이고 시간은 어찌 보면 늘 무자비하고 폭력적이어서 '첫눈'이 '뇌경색'처럼 세상을 온통 하얗게 지워버릴 것처럼 폭압적일 때도 있다. 그렇지만 늘 '사실'보다 시는 시를 쓰는 '자세'에 더 집중하게 되는데, 김학성 시인은 차라리 "물안개 미소에 피는/저 볼우물/아! 매화다!/살짝 코끝을 대보고 싶은"(「아, 매화다」) 순간을 노래한다. 눈으로 희게 덮여버린(가려버린) 세상보다는 그 고요와 평화를 뚫고 나와, 심지어 그것이 위태로움임을 알기에 차라리 뚫고 나와 외롭고 힘들게 피어 있는 매화에 코끝을 대고 싶어 한다. 이 '황홀'은 위태로운 것이지만 시인에게는 절실한 것일 수도 있다. 아직 "시근 없이"(「아직」)라고 했지만, 그렇게 드러내고 표현하는 자체가 이미 생으로써 앎을 실행하고 있는 것이다.

3.

김학성 시인은 '지혜와 연민 사이'에서 시작(詩作)하고 있다. 물론 앞에는 '시간이 주는'이라는 단서를 붙였지만. 아무리 '천지불인'이라 해도 자기 의지가 날을 세울 수 있는 순간, 우리는 서슴없이 자기 존재의 주인이 되어야 한다. "별빛에// 이 밤에사 자세히/자세히 주머니꽃을 보았다"(「금낭화」)고 했다. 시인이 그곳에서 얼마나 살았나 하는 물리적 시간은 '금낭화'와의 만남, 아니 이름이 아니라 주름진 '주머니'를 발견하는 데 사실 아무런 도움이 되지 못한다. 비록 이번 시집에서 명확하게 틀을 지운 것은 아니지만, 시인은 일단 '자세히' 보려는 노력을 멈추지 않는다. 덧붙여 또 다른 시도를 하고 있는데, 어쨌든 이면(裏面)에 대한 덤이라는 데서 일괄되는 부분이 있다.

자기가 사주기는 해도
남에게 얻어먹고는
그냥 못 배기는 사람이다

평생을 책 한 권 안 읽었어도
남에게 절대 피해를 주지 않았다 한다

담배는 아무 데서나 피우고
버린다
제방엔 풀이 자라는 것보다
곡식을 심는 것이 좋다고 한다
나무와 돌은 자기 집에
캐다 심고 옮겨오면 된다고 생각한다

물고기 뱀 청둥오리 경칩이를 잡아다
모두 불러 함께 먹는다

관광을 가면
출발해서 올 때까지
진종일
모든 사람에게 억지로 술을 먹으라 하고
춤을 춰라

잡아 끌어낸다

돈도 잘 내고
물건도 잘 산다

—「우리 동네 이씨」 부분

어쩔 수 없어서 '연민'으로 번역한 것을 사용했지만, 페이소스는 쉽게 우리말로 번역되지 않는 부분이 있다. 그것은 단순히 어떤 사물에 대해 안쓰러워하거나, 비애감을 갖는다는 것이 아니라 열정에 대한 호기심과 이해 다음에 느껴지는 씁쓸한 감정을 표현한다는 것이다. 인용한 「우리 동네 이씨」가 이를 그대로 표상한다. 1연만 보면 세상 더 없는 좋은 사람이다. 게다가 2연을 보면 "평생 책 한 권 안 읽었어도/남에게 절대 피해를 주지 않았다 한다". 정말 된사람일지도 모른다는 기대를 갖게 한다. 그런데 그 일종의 상찬의 실상은 인용 작품의 3, 4, 5연을 통해 드러난다. 필자는 정말 그런 '이씨'가 존재하는지 모른다. 미원면을 찾아는 봤지만 사실 그대로를 알아야 할 필요도 없다. 어쨌든 그 '이씨'는 좋게 말하면 편의주의고, 나쁘게 말하면 선동주의자다. 자기 행위에 늘 타인을 공범처럼 끌어들이기 때문이다.

이 작품에서 주목하게 된 것은 시인이 스스로 거리를 두고 판단하기보다는 일종의 풍자적 말씨로 이 작품을 그려냈다는 점이다. 같은 계열의 작품을 여럿 찾아볼 수 있다. 가령, 장례식장 현관에 늘어선 기능성 수의들을 보며, 죽음을 생각하는 「기능성 수의(壽衣)」나, "자본에 계약당한 나는 이 병 저 병 기는 벌레 나는 벌레 다 잡겠다고 먹이고 덮어쓴 약에 젖어 살다 그 지독한 것들을 아직 싸지도 뱉지도 못했는데//사지가 찢겨"(「절임배추」)라고 한탄하는 배추를 의인화한 작품 등에서 드러난다.

이번 시집에서 울분에 싸여 마구 비판적 언설을 쏟아낸 작품을 만나지 못했다. 마찬가지로 사실을 비유하면서 현실의 민낯을 드러내는 데 집중한 작품 또한 드물었다. 시인은 앞에서 언급한 것처럼, 자연이 전혀 의도를 알 수 없는 방향에서 자기 얼굴을 드러내듯, 자신이 '가족'이라는 관계 속에서 의도하지 않은 결과(작품, 「선아비」나 「돈 주고 매 벌어준 날」)를 낳은 것에 대해 황망해 한다. 여기서 분명하게 일종의 페이소스를 느끼게 된다. 이번 시집은 언뜻 드러나지만 시인의 가계(家系)의 모습도 그려져 있다. 하지만 구체적인 형상이라기보다는 일반적인 실루엣(음영)으로 그려진다. 시적 가치 이전에 이것은 시인이 어떻게 자신의 시적 인식에 맞는 소재를 확정할 것인가 하는 문제로 오롯이 시인 자신의 몫이라 해야 할 것이다.

페이소스는 우리말로 정확한 번역이 어렵다. 열정과 연민이 동시에 깃든 감정, 또는 그런 방식으로 세계를 이해하려는 노력 정도로 의미를 축소하기로 한다. 앞에서 '의미'의 층위를 말했다. 감각적 의미에서 우리는 '언어가 표상하고 지시하는 이면'의 의미를 느낄 수 있다. 그다음은 소위 메시지라는 것으로 '타자' 일반을 향해 나아간다.

> 일주일 전에 심은 고구마는 아직도
> 시들시들한데
> 어제 심은 고추 모는 주살도 들지 않고
> 싱싱하다
>
> 고구마는
> 잎 뒤틀며 맨살에 뿌리내림이 느리지만
> 온실에서 자란 모종보다는 더 멀리
> 멀리 뿌리를 뻗는다
>
> 누나 여섯 여동생 하나
> 오직 씨할 꼬추로 자란 나는
>
> 아직도 힘든 일은 입으로 한다
>
> —「땅내」 전문

시인은 자신의 위치와 역할을 알지만 잘 수행하지 못한다,

라는 자괴감은 앞의 여러 시들과 함께 이해하면서 무화(無化)된다. 김학성 시인은 이미 “몇 년 농사를 하다 보니/곡식들 이야기가 들리고 아프다 말하기 전/눈치채야 한다는 것도 알게 되었습니다.”(「눈치채다」)라고 했다. 그리고 말이나 눈치 이전에 아프게 다가오는 것에 대해 “성현이 한음이 윤지 지음이 믿음이/꾸벅 꾸벅/이때 저때/산타클로스 할아비를 기다리고 있을 텐데”(「비에 젖은 크리스마스」)라는 아쉬움 속에 이른바 ‘맘’으로 읽는 시를 써 보여준다.

시는 결국 그런 것일지도 모른다. 시인이 되고자 하는 의지는 시간이 주는 지혜와 비애와 연민이 솟구치는 ‘사이’에서 시인의 시처럼 “뽑고/씻고/썰다 조는 아내//잠자리에 등 떠밀고/깜빡 깬 세 시/이왕이면//손자놈들 재밌게/멕이려//꽃, 별, 동그라미, 마름모, 세모,/남다르게 서로 다르게/꾀까다로이 쓰다/쓰다 보니 다섯 시//무말랭이 할/무/희한하게 썰어 놨다//핀잔 받은/새벽”(「꾸깃꾸깃 깍두기 시」)을 매양 지나가는 것인지도 모른다. ‘남다르게 서로 다르게’ 모양을 빚는 마음이야말로 시인의 자세라 할 수 있지 않을까. 그런 의미에서 김학성 시인의 다음 시작(詩作)이 더 기대되는 바다. 건필을 빈다.

이 도서의 국립중앙도서관 출판시도서목록(CIP)은 서지정보유통지원시스템 홈페이지(http://seoji.nl.go.kr)와 국가자료공동목록시스템(http://www.nl.go.kr/kolisnet)에서 이용하실 수 있습니다.(CIP제어번호: CIP2018033222)

문학의전당 시인선 0295

띠앗

초판 1쇄 발행 2018년 10월 29일
초판 2쇄 발행 2019년 3월 7일
지은이 김학성
펴낸이 고영
책임편집 서윤후
디자인 헤이존
펴낸곳 문학의전당
출판등록 제2017-000002호
주소 서울시 마포구 마포대로 11길 91, 3층
전화 02-852-1977 팩스 02-852-1978
전자우편 sbpoem@naver.com

ISBN 979-11-5896-396-5 03810

* 이 시집은 2018 충청북도, 충북문화재단의 후원으로 발간되었습니다.
* 이 시집은 〈2018 문학나눔 도서보급사업〉에 선정되었습니다.